Ms. Panda & Cat

by
Ofelia Mata

Publishing Company: LNG LLC, Oklahoma, USA
ISBN: 978-1-943255-93-1

LNG LLC

Este libro se lo dedico a esas familias que han o están recorriendo la hermosa jornada de caminar día a día con alguien con el diagnóstico del Autismo. Siempre soñé con detallar la jornada del Autismo desde la perspectiva de un niño. Aunque estoy consciente de que existen diferentes niveles de Autismo, este libro detalla algunas características que pueden presentar una persona con Autismo.

This book is dedicated to the families who have supported a loved one diagnosed with Autism. It has long been my desire to offer a glimpse into Autism through the eyes of a child. While I recognize the vast spectrum and varying degrees of Autism, this children's book aims to illustrate some of the common characteristics that a child with Autism may display.

Este libro está dedicado a mis padres que aunque ya no están conmigo físicamente, son los que me empujan día a día a dar la mejor versión de mi.
A mi familia que me brinda su amor incondicional día a día.
A mis tres hijos Jonathan, Stephanie y Edgar que son mi motivo a seguir.
A Marisela Carmen, mi nieta, el regalo más hermoso que llegó del cielo.

This book is dedicated to my beloved parents, whose guidance continues to inspire me from heaven.
To my family, thank you for your unwavering love and support.
To my three children, Jonathan, Stephanie, and Edgar, you are the foundation of who I am today.
And to my precious granddaughter, a beautiful gift from God, you bring endless joy to my life.

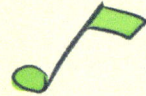

Why do I find noise uncomfortable at times?

¿Por qué encuentro el ruido incómodo algunas veces?

Your hearing is more sensitive compared to others.
You are able to hear sounds that your friends
are not able to hear.

Tu sentido del oído es más sensible comparado
al de otros.
En ocasiones puedes escuchar sonidos que tus
amigos no puede escuchar.

Why do I Struggle when my routine changes?

¿Por qué me disgusta cuando mi rutina cambia?

Routine is very important to you. Knowing things ahead of time allows you to prepare to adapt to the change.

Mantener una rutina es muy importante para ti. Te ayuda mucho cuando la gente te avisa sobre los cambios que se aproximan

Why do I struggle with making friends?

¿Por qué es difícil para mí hacer amigos?

Making friends can be very hard for many people. Social interaction is a skill needed to be able to meet people. Social interaction can be hard at times since you prefer to be alone at times. However, try introducing yourself to someone new and sharing some of your hobbies.

Conocer nuevos amigos es algo que es difícil para mucha gente. Para llegar a conocer a alguien se necesita la interacción social. Tener interacción social puede ser difícil porque en ocasiones prefieres estar solo. Trata de presentarte con alguien nuevo y contarle sobre algunos de tus pasatiempos.

Step out of a loud environment if you need to.

Retírate de un lugar cuando hay demasiado ruido si no te sientes cómodo.

Calendars are an excellent way to track upcoming events and changes in your daily routine.

Los calendarios son una ayuda al organizar los eventos en tu vida cotidiana. Al usar el calendario, puedes saber los cambios que vendrán.

Practice having dialogue with someone you feel comfortable with.

Practica diálogos con alguien que te inspira confianza.

Autism:
A neurological and developmental disorder that affects how people interact with Others, communicate, learn, and behave.

Autismo:

Trastorno del desarrollo que afecta a la comunicación y a la interacción social, caracterizado por patrones de comportamiento restringidos, repetitivos y estereotipados.

Draw what makes the noise that bothers Cat.

Dibuja qué hace el ruido que molesta a Gato.

Draw what Cat plans to do in the sand

Dibuja lo que piensa hacer Gato en la arena.

What puzzle did
Wolf find?

¿Que rompecabezas
encontró Lobo?

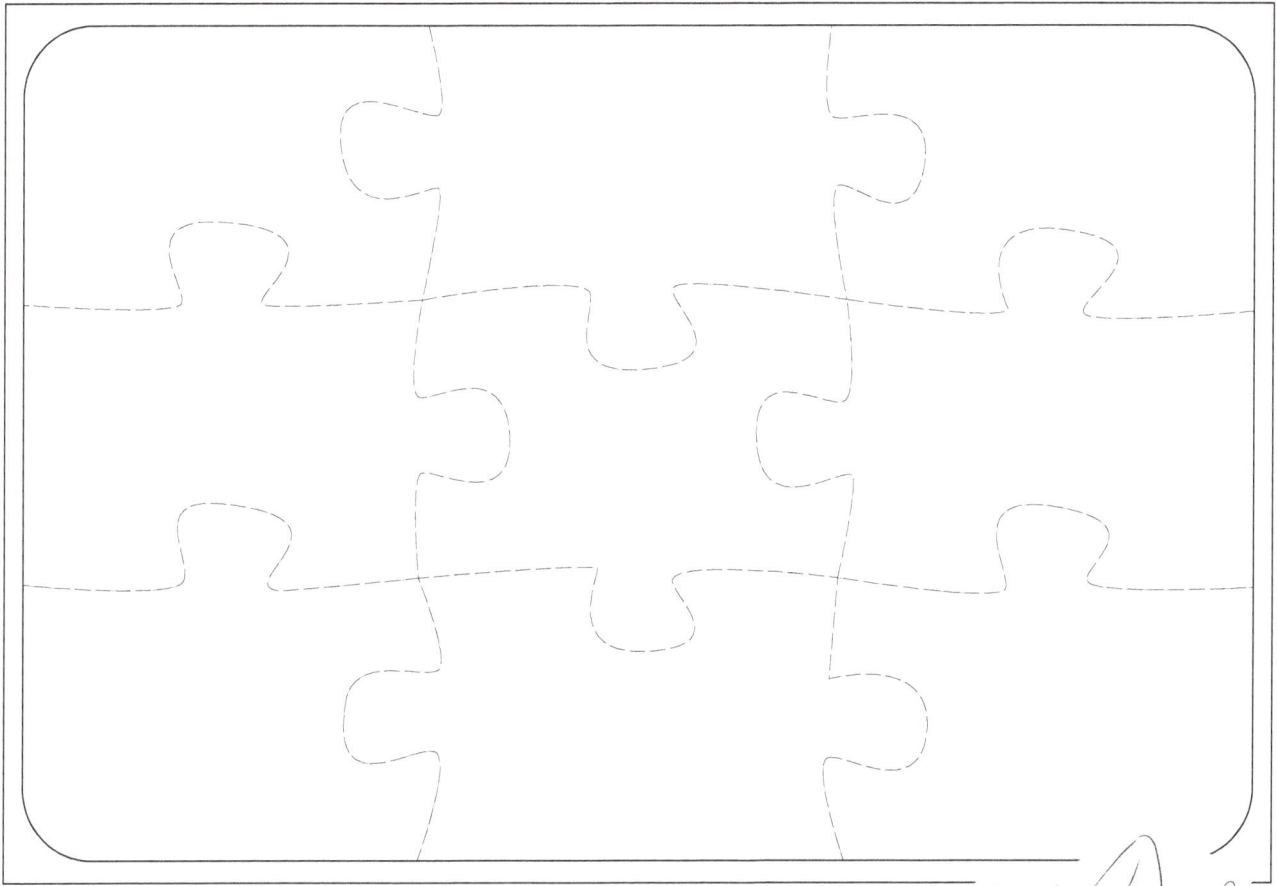

Draw the puzzle that Wolf likes.

Dibuja el rompecabezas
que le gusta a Lobo.

Cat doesn't like rainy days.

A Gato no le gustan los días lluviosos.

What can Cat do on a rainy day?

¿Que puede hacer gato en un día lluvioso?

Where is Cat
going so happy?

¿A donde va
Gato tan feliz?

Draw the park where Cat likes to play
Dibuja el parque donde le gusta jugar a Gato

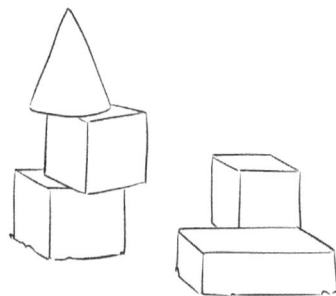